IQ-Training 2018

zur Vorbereitung auf IQ-Tests

abwechslungsreich – spannend - effektiv

Aribert Böhme

Impressum

Alle Rechte liegen beim Autor
Düsseldorf, im Herbst 2017
E-Mail: Psychologische_Beratung_Boehme@gmx.de
Herstellung und Verlag: BoD - Books on Demand, Norderstedt
ISBN: 9783746009421

Bibliografische Information der Deutschen Nationalbibliothek

Die Deutsche Nationalbibliothek verzeichnet diese Publikation in der Deutschen Nationalbibliografie; detaillierte bibliografische Daten sind im Internet über http://dnb.d-nb.de abrufbar.

Vorwort

Infolge der großen Resonanz der vorherigen Ausgaben in den Jahren 2016 und 2017, gibt es hier nun einen weiteren Fortsetzungsband mit neuen und weiteren Trainingsaufgaben zur Vorbereitung auf IQ-Tests.

- **Sie wollen** sich auf einen IQ-Test vorbereiten, wie er beispielsweise im Rahmen diverser Bewerbungsverfahren vorkommt?
- **Sie möchten** anhand verschiedener Übungsaufgaben einen Überblick hinsichtlich typischer Testaufgaben bekommen?
- **Sie wünschen** sich ein gezieltes Training typischer IQ-Testaufgaben, so dass Sie gut vorbereitet in einen bevorstehenden IQ-Test gehen können?

Dann bietet Ihnen dieses IQ-Trainingsbuch eine hilfreiche Unterstützung.

Anhand vielfältiger Testaufgaben aus repräsentativen Bereichen typischer IQ-Tests, wie beispielsweise Logik, Sprachverständnis, Merkfähigkeit usw., bietet Ihnen diese IQ-Trainingsbuch vielfältige Übungsmöglichkeiten.

Mit Blick darauf, dass es sich bei den hier vorliegenden Testaufgaben nicht um eine wissenschaftlich fundierte Datenbasis handelt, die anhand eines repräsentativem, statistisch-signifikanten Probandenkreises evaluiert worden ist, wird bewusst darauf verzichtet, konkrete IQ-Werte zu nennen. Vielmehr bietet Ihnen diese Testreihe die Möglichkeit, eigene intellektuelle Fähigkeiten grob zu verorten, so dass Sie eine Orientierungshilfe bekommen. Entscheidend ist hier vor allem die Option, möglichst viele IQ-Testaufgaben trainieren zu können, mit dem Ziel, selbstbewusst an einem bevorstehenden IQ-Test teilnehmen zu können.

Wie immer auch Ihr Testergebnis ausfallen mag, bedenken Sie bitte, dass es sich dabei um eine Momentaufnahme handelt, die vielfältigsten Rahmenbedingungen unterliegt. Über ein gutes Ergebnis dürfen Sie sich freuen; ein weniger gutes Testergebnis bedeutet nicht, dass Ihre Qualitäten als Mensch infrage gestellt werden.

Tipps zur Durchführung des IQ-Tests

Sorgen Sie bitte dafür, dass Sie den kompletten IQ-Test nur in einem ausgeruhten und entspannten Zustand durchführen. Stress, Sorgen, gesundheitliche Beeinträchtigungen o. ä. verfälschen ansonsten womöglich das Testergebnis.

Achten Sie bitte während der kompletten Testdurchführung darauf, dass Sie absolut ungestört sein können. Ablenkungen, wie z. B. Telefonanrufe, ins Zimmer kommende Personen, störende Geräusche, unangenehmes Raumklima usw. verfälschen ebenfalls Ihr Testergebnis.

Reservieren Sie sich ein Zeitfenster von ca. 2 ½ Stunden zur vollständigen Durchführung für diesen IQ-Test. Während dieser Zeitspanne sollten Sie absolut ungestört arbeiten können. Für die anschließende Auswertung des Tests müssten Sie weitere etwa 30 Minuten einplanen, so dass sich eine Gesamtzeit von ca. drei Stunden ergeben wird.

Falls Sie bei einer Testaufgabe merken, dass Sie nicht spontan einen möglichen Lösungsansatz finden, sollten Sie bitte keinesfalls an einer solchen Teilaufgabe verweilen, sondern stattdessen zügig mit der Bearbeitung der nächsten Teilaufgabe beginnen.

Der Faktor Zeit ist bei der Durchführung eines IQ-Tests eine wesentliche Komponente, die unbedingt beachtet werden sollte. Es ist beabsichtigt, dass Ihnen die Zeitvorgaben mitunter sehr knapp bemessen erscheinen mögen, denn eine Teilkomponente hoher Intelligenz ist u. a., komplexe Sachverhalte in kurzer Zeit lösen zu können.

Viel Erfolg und viel Freude beim Bearbeiten dieses IQ-Tests.

Der Autor:

Aribert Böhme, Freiberufler seit 1988, bietet Dienstleistungen in folgenden Bereichen:

- Psychologische Beratung (Lernpsychologie, Familienpsychologie, Lebensberatung)
- Lerncoaching (Fernlehrgänge z. B.: SGD, ILS in den Fachbereichen Psychologische Beratung, Psychotherapie für Heilpraktiker usw.)
- Implementierung von Texten für Sachbücher in den Bereichen: Lernpsychologie, Psychologie, Pädagogik, EDV, Gesellschaft, Lebensweisheiten
- Coaching für Seniorinnen & Senioren (z. B. Gedächtnistraining)

Im Rahmen seiner freiberuflichen Dozententätigkeit hat der Autor bis dato (2017) ca. 9000 TeilnehmerInnen im Fachbereich EDV bei diversen, namhaften Instituten unterrichtet.

In seiner Funktion als Psychologischer Berater (SGD-Dipl.) bietet der Autor regelmäßig Klientensitzungen vor Ort für hilfesuchende Menschen in den Bereichen: Lebensberatung, Konfliktberatung, Familienpsychologie, Schulpsychologie sowie Lernpsychologie, an.

Bis dato (2017) hat der Autor 23 Titel im thematischen Umfeld von EDV, Lernpsychologie, Pädagogik, Gesellschaftskritik, Lebensweisheiten sowie drei Romane unter Pseudonym publiziert (inkl. einiger Auslandslizenzen für Frankreich, Polen und Russland). Zudem erfolgten Veröffentlichungen in namhaften Tageszeitungen (FAZ, Süddeutsche Zeitung, Rheinische Post usw.).

Seminare und Vorträge zu den Themen Motivationscoaching, Lernpsychologie, Lerntechniken, bietet der Autor sowohl als Firmenschulungen, wie auch als Privatseminare vor Ort an. Anfragen bitte grundsätzlich per E-Mail an:

Psychologische_Beratung_Boehme@gmx.de

Im Rahmen der Implementierung des vom Autor entwickelten NEURONET 2.0 im Umfeld der Neuroinformatik, mit dessen Hilfe Prognosen für Sportwetten erstellt werden können, erfolgte in den Jahren 2001 und 2002 eine ehrenvolle Aufnahme in die Who-is-Who-Lexika, Deutschland & Europa.

Düsseldorf, im Herbst 2017

Hauptgruppen für den IQ-Testaufgaben

A)   Sprachliche Intelligenz: Welches Wort passt nicht?

B)   Sprachliche Intelligenz: Gleiche Wortbedeutung?

C)   Sprachliche Intelligenz: Buchstabensalat

D)   Sprachliche Intelligenz: Buchstabengruppen

E)   Sprachliche Intelligenz: Buchstabenreihen

F)   Logisches Denken: Analogien

G)   Logisches Denken: Schlussfolgerungen

H)   Logisches Denken: Zahlenreihen ergänzen

I)   Logisches Denken: Zahlmatrizen

J)   Logisches Denken: Wochentage

K)   Logisches Denken: Unmögliches erkennen

L)   Logisches Denken: Meinung oder Tatsache?

M)   Mathematische Fähigkeiten: Kopfrechnen

N)   Mathematische Fähigkeiten: Rechenzeichen einsetzen

O)   Beobachtungsgabe: Welches Zeichen ist anders in einer Reihe?

P)   Merkfähigkeit: Wörter einprägen

Q)   Merkfähigkeit: Begriffe merken

R)   Merkfähigkeit: Adressen merken

S)   Merkfähigkeit: Texte einprägen, anschließend Fragen beantworten

T)   Interpretation von Statistiken

U)   Oberbegriffe finden

V)   Passende Begriffe finden

W)   Schnell Wörter finden

X)   Sinnlose Silben

Y)   Merkfähigkeit

Z)   Sudoku

A) Sprachliche Intelligenz: Welches Wort passt nicht?

In dieser Rubrik geht es darum herauszufinden, welches der jeweils vier Wörter inhaltlich nicht zu jeweils drei anderen Wörtern passt?

Beispiel: Bäcker – Arzt – Installateur – Maurer

Hier passt der Begriff „Arzt" nicht. Begründung: Alle anderen genannten Berufe entstammen nicht dem akademischen Berufsfeld. Die Berufsbezeichnung „Arzt" ist hier der einzige Beruf mit einem akademischen Hintergrund.

1. vergrößern – minimieren – ausweiten – ergänzen
2. Kiel – Nürnberg – Magdeburg – Düsseldorf
3. Victoriasee – Rhein – Nil – Amazonas
4. Keyboard – Klavier – Orgel – Geige
5. Leber – Niere – Herz – Hand
6. Schröder – Herzog – Kohl – Schmidt
7. Katze – Löwe – Delfin – Hund
8. Pink Floyd – Genesis – Simple Minds – Clueso

Bearbeitungszeit: 1 Minute

B) Sprachliche Intelligenz: Gleiche Wortbedeutung?

In dieser Rubrik geht es darum herauszufinden, welches der jeweils vier angebotenen Wörter inhaltlich dem jeweils vorgegebenen Begriff am ehesten entspricht?

Beispiel: Angenommen, das vorgegebene Wort lautet „aufmerksam".

Zur Auswahl stehen folgende Begriffe:
großzügig – achtsam – konzentriert – beliebt

Lösung: Der Begriff „achtsam" stimmt am ehesten mit dem Begriff „aufmerksam" überein.

Begründung: Die drei anderen Wörter beschreiben zwar ebenfalls positiv besetzte Begriffe, jedoch ist die bedeutungsmäßige Übereinstimmung am intensivsten mit dem Begriff „achtsam".

9. schnell: beschleunigend – maximal – rasant – kurzerhand
10. unwirsch: unsauber – unfreundlich – frech – großspurig
11. langweilig: langsam – öde – reizarm – niederschmetternd
12. rechnen: abwägen – überschlagen – kalkulieren – denken
13. ablehnen: umkehren – abweisen – widerlegen – beschränken
14. gigantisch: wunderbar – schön – riesig – haushoch
15. narzisstisch: übertrieben – ichbezogen – kleinlich – ablehnend
16. unglaubwürdig: falsch – unwahrscheinlich – unsinnig – nicht ernsthaft nachvollziehbar

C) Sprachliche Intelligenz: Buchstabensalat

In dieser Rubrik geht es darum herauszufinden, wie aus einem vorgegebenen „Buchstabensalat" wieder das ursprüngliche Wort gebildet werden kann?

Beispiel: R D A F H R A

Lösung: Hier lautet das gesuchte Wort „FAHRRAD".

17. A E G L B
18. M R E M A H
19. C K E S N C E H
20. R Ä E K F
21. K I T E B I L B O H
22. E R Ö H T C B N
23. E R Ü G R N B N
24. S D O R F D Ü S L E
25. N I Z G U T E
26. R N V T U E A E R

Bearbeitungszeit: 2 Minuten

D)   Sprachliche Intelligenz: Buchstabengruppen

In dieser Rubrik geht es darum herauszufinden, welche Buchstabengruppe nicht nach der gleichen Regel gestaltet ist, wie alle anderen?

Beispiel: Angenommen, es seien folgende Buchstabengruppen vorgegeben:

a)   ABCDE
b)   BCDEF
c)   CDEFG
d)   ZYXWV
e)   OPQRS

Lösung: Hier wäre die richtige Antwort, Gruppe (d) – ZYXWV – passt nicht zu den anderen Buchstabengruppen. Begründung: Hier erfolgt die Sortierung der Buchstaben in alphabetisch absteigender Reihenfolge, wogegen alle anderen Buchstabengruppen alphabetisch aufsteigend sortiert vorliegen.

Bearbeitungszeit: 2 Minuten

27.   ACEGI
       BDFHJ
       CEGIK
       DEFGH
       EGIKM

28.   AAKEE
       UUTAA
       EESII
       OOZEE
       TTUKK

29. ABYZX
    BCXYX
    CDEWX
    DEWXX
    EFVWX

30. ADGJM
    DFHJL
    FILOR
    ILORU
    LORUW

E) Sprachliche Intelligenz: Buchstabenreihen

In dieser Rubrik gilt es herauszufinden, nach welchem Prinzip die jeweiligen Buchstabenreihen konstruiert sind, um dann entscheiden zu können, wie die jeweilige Buchstabenreihe logisch fortgesetzt werden müsste?

Beispiel: Angenommen, es sei folgende Buchstabenreihenfolge gegeben: a – e – i – m – q - ?

Lösung: Hier lautet die korrekte Fortsetzung: „u".

Begründung: Zwischen allen Buchstaben in der vorgegebenen Reihenfolge fehlen jeweils – alphabetisch aufsteigend – die drei folgenden Buchstaben. Von daher muss nach dem letzten hier vorgegebenen Buchstaben „q" geprüft werden, welche die drei dann folgenden Buchstaben in alphabetisch aufsteigender Folge wären, die es zu überspringen gilt. Hier wären das demnach die Buchstaben r – s – t, so dass die Folge mit dem Buchstaben „u" anstelle des Fragezeichens fortgesetzt werden müsste.

Bearbeitungszeit: 2 Minuten

31. c – f – i – l - ?
32. b – c – d – f - ?
33. a – e – i – o - ?
34. a – e – i – m - ?
35. b – d – g – j - ?

F)   Logisches Denken: Analogien

In dieser Rubrik geht es darum herauszufinden, welche Analogien zwischen vorgegebenen Begriffspaaren existieren?

Beispiel: laut : leise   Lärm : ?
            Bewegungslosigkeit – Stille – Geräusch – Flüstern

Lösung: Hier wäre das Lösungswort „Stille", da es in einem analogen Verhältnis zum Begriff „Lärm" steht, wie der Begriff „leise" zum Begriff „laut".

Bearbeitungszeit: 1 Minute

36. innen : außen   drinnen : ?
    oben – draußen – umfassend – abseits
37. Udo Lindenberg : Musiker   Celine Dion : ?
    Frau – Französin – Sängerin – Künstlerin
38. Schriftsteller : Buch   Bäcker : ?
    Brötchen – Bäckerei – Mehl – Handwerk
39. Defekter Motor : Störung   Bindungsphobie : ?
    Angst – Psychiater – Psychische Störung – Bedrohung
40. Trinken : Eierlikör   Essen : ?
    Restaurant – Kellner – Pizza – Wasser
41. Nürnberg : Bayern   Dortmund : ?
    Bundesland – NRW – Kleinstadt – Deutschland
42. Professor : Student   Lehrer : ?
    Auszubildender – Schüler – Abiturient – Lehrerin
43. Erde – Sonnensystem   Stern : ?
    Galaxie – Mond – Universum – Komet

G)   Logisches Denken: Schlussfolgerungen

In dieser Rubrik geht es darum logisch korrekte Schlussfolgerungen aus einer vorgegebenen Anzahl von Teilaussagen ziehen zu können.

Beispiel: Wenn A kleiner ist als B, und C kleiner ist als B, C jedoch größer ist als A, wer ist dann am größten?

Lösung: Hier wäre B die korrekt Antwort.

44. Wo sind die Erdnüsse am billigsten?
    Im Laden A sind die Erdnüsse teurer als in B. In Laden D sind sie teurer als in C, aber billiger als in B.
45. Welches Buch hat die meisten Seiten?
    Im Buch A gibt es mehr Seiten als in C. Das Buch D hat weniger Seiten als das Buch B. Das Buch B hat mehr als Seiten als das Buch A.
46. Wer ist am freundlichsten?
    Susanne ist genauso freundlich wie Marion. Elke ist weniger freundlich als Marion. Barbara ist freundlicher als Susanne.
47. Wer wiegt am meisten?
    Frank ist schwerer als Gerd aber leichter als Alfons. Rüdiger ist leichter als Frank, aber schwerer als Gerd.
48. Wer hat den höchsten IQ?
    Sabine hat einen höheren IQ als Holger, aber einen niedrigeren IQ als Fritz. Der IQ von Fritz ist höher als der IQ von Jessica. Sabine hätte den höchsten IQ, gäbe es Fritz nicht.
49. Wie alt ist Helga?
    Iris ist 11 Jahre älter als Tom. Tom ist 14 Jahre älter als Sebastian, der 34 Jahre alt ist. Helga ist zwei Jahre jünger als Tom.
50. Wie viele Söhne gibt es?
    In einer Familie hat jeder Sohn dieselbe Anzahl von Schwestern wie Brüdern, und jede Schwester hat doppelt so viele Brüder wie Schwestern.

H)   Logisches Denken: Zahlenreihen ergänzen

In dieser Rubrik geht es darum, dass Sie die in den Zahlenreihen versteckten Muster entdecken, nach denen die jeweils nächste Zahl eindeutig gebildet wird.

Beispiel: $2 - 4 - 6 - 8 - 10 - 12 - ?$

Ihre Aufgabe besteht nun darin herauszufinden, welche Zahl anstelle des Fragezeichens eingesetzt werden muss, damit das in dieser Zahlenreihe enthaltene Berechnungsmuster logisch konsequent fortgesetzt wird.

Lösung: Hier lautet das Berechnungsmuster: + 2
                   Demnach lautet die gesuchte Zahl hier: 14

51. $3 - 9 - 27 - 81 - 243 - ?$
52. $1 - 2 - 6 - 12 - 16 - 32 - ?$
53. $1 - 4 - 53 - 212 - 261 - 1044 - ?$
54. $5 - 13 - 23 - 37 - 47 - 61 - ?$
55. $4 - 27 - 25 - 343 - 121 - 2197 - ?$
56. $1 - 13 - 9 - 117 - 113 - 339 - ?$
57. $7 - 19 - 29 - 37 - 47 - 59 - ?$
58. $1 - 11 - 2 - 22 - 13 - 143 - ?$

Bearbeitungszeit: 5 Minuten

I)   Logisches Denken: Zahlmatrizen

In dieser Rubrik gilt es herauszufinden, welches mathematische Prinzip einer vorgegebenen Matrix (tabellenartige Struktur) zugrunde liegt, so dass das jeweils fehlende Zahlenfeld logisch konsistent ergänzt werden kann.

Beispiel: Angenommen, es sei folgende Zahlenmatrix gegeben:

1	2	3
	5	6
7	8	9

Lösung: In das freie Zahlenfeld müsste hier die Lösungszahl 4 eingetragen werden, damit die zugrundeliegende Logik sowohl horizontal, als auch vertikal in sich schlüssig erhalten bleibt.

Bearbeitungszeit: 5 Minuten

59.

6	36	216
8	48	288
10		360

60.

2048	1024	512
4096	2048	1024
8192		2048

61.

1	8	27
64		216
343	512	729

62.

14	21	49
77	91	
133	161	203

63.

81	64	49
	25	16
9	4	1

J)   Logisches Denken: Wochentage

In dieser Rubrik geht es darum herauszufinden, welche Wochentage sich aus einer gegebenen Zeitbeschreibung logisch ableiten lassen?

Beispiel: Angenommen, die Aussage lautet:
                   Wenn heute Mittwoch ist, welcher Tag ist dann zwei
                   Tage nach Übermorgen?

Lösung: Hier lautet die korrekte Antwort: Sonntag.
                   Begründung: Wenn heute Mittwoch ist, dann wäre
                   übermorgen demnach Freitag. Zwei Tage nach Freitag ist
                   dann also Sonntag.

Bearbeitungszeit: 3 Minuten

64.   Vor drei Tagen war Dienstag. Welcher Tag ist dann übermorgen?

65.   In zwei Tagen wird Mittwoch sein. Welcher Tag ist dann drei
       Tag nach vorgestern?

66.   Vor vier Tagen war zwei Tage nach Sonntag. Welcher Tag ist
       dann morgen?

67.   Wenn vier Tage nach Vorgestern Sonntag war, welcher
       Tag ist dann zwei Tage nach übermorgen?

68.   Welcher Wochentag wird zwei Tage nach übermorgen sein,
       wenn gestern Samstag war?

K)   Logisches Denken: Unmögliches erkennen

In dieser Rubrik geht es darum Unmögliches zu erkennen.

Beispiel: Welche der folgenden Behauptungen ist richtig?

Es ist unmöglich, dass...

a)   … ein Mensch 110 Jahre alt wird.
b)   … ein Mensch ohne Sauerstoff länger als fünf Minuten überlebt.
c)   … ein Mensch ohne Nahrung länger als sieben Tage überlebt.
d)   … ein Mensch nur vier Finger an seiner linken Hand hat.
e)   … ein Mensch ohne Blinddarm überlebt.

Lösung: Hier wäre die korrekte Antwort unter dem Buchstaben b
              zu finden. Begründung: Ja, es stimmt, dass ein Mensch ohne
              Sauerstoff nicht länger als fünf Minuten überleben kann.

Bearbeitungszeit: 2 Minuten

69.   Es ist unmöglich, dass ein 14-jähriges Mädchen...

a)   … ein Piercing am rechten Arm hat.
b)   … stärker ist als ein 14-jähriger Junge.
c)   … schneller laufen kann als ein 30-jähriger Mann.
d)   … an der Bundestagswahl teilnehmen darf.
e)   … größer ist als eine 30-jährige Frau.

70.   Es ist unmöglich, dass ein Buch...

a)   ... mehr als 1000 Seiten hat.
b)   ... mehr als 100 € kostet.
c)   ... keine Bilder enthält.
d)   ... einen Kaffee kochen kann.
e)   ... weniger als 2 € kostet.

71.   Es ist unmöglich, die kleinste Primzahl...

a)   ... mit vier zu multiplizieren.
b)   ... ohne Rest durch drei dividieren zu können.
c)   ... zu verdoppeln.
d)   ... zu vervierfachen.
e)   ... zu quadrieren.

72.   Es ist unmöglich, dass ein Hausschwein...

a)   ... Likör trinkt.
b)   ... Erdnüsse futtert.
c)   ... ein Buch schreibt.
d)   ... sich im Sand wälzt.
e)   ... laut grunzt.

73.   Es ist unmöglich, dass...

a)   ... es weitere, erdähnliche Planeten im Universum gibt.
b)   ... unsere Erde in 10 Milliarden Jahren noch existiert.
c)   ... ein Mond größer ist als die Erde.
d)   ... eine Galaxie mehr als eine Million Sonnen enthält.
e)   ... die Erde von unserer Sonne zerstört wird.

L)   Logisches   Denken: Meinung   oder   Tatsache?

In dieser Rubrik gilt es herauszufinden, ob es sich bei einer Aussage um eine Meinung oder um eine Tatsache handelt?

Beispiel: Angenommen, es seien folgende Aussagen gegeben:

a)   Blau ist eine sehr schöne Farbe.
b)   Ein Tag auf der Erde setzt sich aus 24 Stunden zusammen.

Lösung: a)   Meinung – nicht objektiv begründbar
               b)   Tatsache – objektiv belegbar gemäß Vereinbarung

Bearbeitungszeit: 2 Minuten

74.   Der Merkur ist kleiner als der Saturn.
75.   Pink Floyd ist die großartigste Psychedelic-Rockgruppe.
76.   Eierlikör schmeckt köstlich.
77.   Männliche Gehirne sind im statistischen Mittel größer als weibliche.
78.   Prof. Dr. Hoimar von Ditfurth wurde im Jahr 1921 geboren.
79.   Erdnüsse schmecken besser als Haselnüsse.
80.   Düsseldorf ist die Landeshauptstadt von NRW.
81.   Frauen sind im statistischen Mittel sprachbegabter als Männer.
82.   Männer haben im statistischen Mittel ein besseres Orientierungsvermögen als Frauen.
83.   Albert Einstein ist genialer als Stephan Hawking.

M) Mathematische Fähigkeiten: Kopfrechnen

In dieser Rubrik werden Ihre Fähigkeiten im Kopfrechnen getestet. Zur Bearbeitung dieser Aufgaben sind keinerlei zusätzliche Hilfsmittel (Papier, Bleistift, Taschenrechner usw.) erlaubt. Einzig Ihren Kopf dürfen Sie zur Lösung der folgenden Aufgaben verwenden.

Bearbeitungszeit: 4 Minuten

84. $56 + 124 = ?$
85. $389 + 714 = ?$
86. $34 * 26 = ?$
87. $449 * 45 = ?$
88. $36 + 14 * 7 - 44 = ?$
89. $65536 / 256 = ?$
90. $(53 * 9 + 444) - (38 + 21 * 7) = ?$
91. $4355 + 7654 - 987 + 237 - 315 = ?$
92. $10 * 9 * 8 * 7 * 6 * 5 * 4 * 3 * 2 * 1 = ?$
93. $93 * 7 * 5 * 8 = ?$

N) Mathematische Fähigkeiten: Rechenzeichen einsetzen

In dieser Rubrik geht es darum herauszufinden, welche Rechenzeichen (+ - * /) jeweils anstelle der Fragezeichen (?) in eine Aufgabe eingesetzt werden müssen, so dass das vorgegebene Ergebnis korrekt ist.

Legende: ?   Ist der Platzhalter für das erste Operationszeichen
            ??   Ist der Platzhalter für das zweite Operationszeichen
            ???   Ist der Platzhalter für das dritte Operationszeichen
            ????   Ist der Platzhalter für das vierte Operationszeichen

Beispiel: 49 ? 35 = 84

Lösung: Hier müsste das Additionszeichen (+) anstelle des
            Fragezeichens eingesetzt werden, so dass die vorgegebene
            Lösung stimmt.

Bearbeitungszeit: 5 Minuten

94.   25 ? 37 ?? = 58
95.   319 ? 7 ?? 98 = 2331
96.   8 ? 6 ?? 15 ??? 4 = 2880
97.   (4745 ? 5) ?? (40 ??? 8) = 4745
98.   (23 ? 47) ?? (300 ??? 10) ???? 39 = 2139
99.   (7 ? 11 ?? 15) ??? (997 ???? 222) = 1930
100.   60 ? 60 ?? 24 ??? 365 = 31536000
101.   (1048576 ? 2) ?? (64 ??? 64) = 128
102.   (9717 ? 2115 ?? 3411) ??? 13 = 11000

O)   Beobachtungsgabe: Welches Zeichen ist anders in einer Reihe?

In dieser Rubrik wird Ihre Beobachtungsgabe überprüft. Dabei gilt es möglichst schnell zu erkennen, welchen Zeichen in einer vorgegebenen Reihe von der Originalreihe abweicht?

Beispiel: Angenommen, folgende Originalreihe sei vorgegeben:

DSFLÖKÖLFKÖLWEIROPIEWPORIPOEIPOKFÖLDKFÖLKDÖLWPUI

Hier nun die zu überprüfende Reihe:

DSFLÖKÖLFKÖLWEIROPIEWPORIPOEIPOKFÖLDKEÖLKDÖLWPUI

Lösung: Hier wurde der Buchstabe „F" durch ein „E" ausgetauscht.

DSFLÖKÖLFKÖLWEIROPIEWPORIPOEIPOKFÖLDK**E**ÖLKDÖLWPUI

Bearbeitungszeit: 2 Minuten

103.   WEURIOKLFKLFDJFLKSJLDFJOEUROIWOEPERIPOWEFKLL
       WEURIOKLFKLFDJFLKSJLDFJOEUROIWOEPERIROWEFKLL

104.   YXCBNMEWRUIOASDFÖKÖLSDFÖWLERUJOIASNWERUIO
       YXCBNMEVRUIOASDFÖKÖLSDFÖWLERUJOIASNWERUIO

105.   WQEUIOGKFLÖSDKFLÖKDÖLFKÖSRIWEPORIPONFMGDG
       WQEUIOGKFLÖSDKFLÖKDOLFKÖSRIWEPORIPONFMGDG

106.   ASDFJGKLDFKGJLKFJDLGKRIEORIPEWVXCNMVNXCMC
       ASDFJGKLDFKGJLKFJDLGKRIEORIPEWVXCMMVNXCMC

107. POIIOWEURIOEUWDSJFKLSDFUERIOEWQETRQTWEZREU
POIIOWEURIOEUWDSIKLSDFUERIOEWQETRQTWEZREU

108. MNBXNMCYBMNXCBSAHDJHASKJDHJKASHKJDEUWIEU
MNBXNMCYBMNXCBSAHDJHASKJDHJKASHKJDFWIEU

109. DASFDGHSFAGDSDHFKJHSDKJFHKJFGURTIERUITUEIRUI
DASFDGHSFAGDSDHFKJHSDKJFHKJFGURDIERUITUEIRUI

110. ZWEUZRIUERIPORETIPOREITPOEIRTNXCVMNMCVMCWE
ZWEUZRIUERIPORETIPOREITPOEIRTMXCVMNMCVMCWE

111. YDRTHNJKOIUZTREWWPPOIUZZNUHDFTWLPOFKITSUHK
YDRTHNJKOIUZTREWWPPOIUZZNUHBFTWLPOFKITSUHK

P)   Merkfähigkeit: Wörter einprägen

In der folgenden Rubrik geht es darum, dass Sie sich möglichst schnell viele vorgegebene Begriffe einprägen, zu denen dann anschließend einige Fragen gestellt werden.

Beispiel: Angenommen, es sei folgende Tabelle mit Begriffen vorgegeben:

Zeit zum Einprägen: 30 Sekunden. Bitte erst nach der Einprägezeit umblättern.

Lebensmittel	Automarke	Unterrichtsfach	Mädchenname
Brot	BMW	Physik	Barbara
Käse	OPEL	Englisch	Iris
Wurst	FORD	Kunst	Heike
Marmelade	MERCEDES	Musik	Sandra

Frage: In welcher Rubrik beginnt ein Begriff mit dem Buchstaben „H“?

Lösung: In der Rubrik „Mädchenname“ beginnt der Begriff „Heike“ mit dem Buchstaben „H“.

112.

Beruf	Fluss	Hauptstadt	Psychische Störung
Elektriker	Amazonas	Madrid	Anankasmus
Dozent	Nil	Kopenhagen	Bindungsphobie
Buchhändler	Donau	Wien	Schizophrenie
Koch	Elbe	Tokio	Hebephrenie

Zeit zum Einprägen: 30 Sekunden. Bitte erst nach der Einprägezeit umblättern.

112 a) In welcher Spalte steht eine Hauptstadt, deren zweiter Buchstabe der Vokal „a" ist?

112 b) Wie lautet die Berufsbezeichnung, die aus sechs Buchstaben besteht?

112 c) In welcher Zeile (ohne Überschriftszeile) befindet sich die psychische Störung, die mit dem Buchstaben „B" beginnt, und wie lautet die genaue Bezeichnung?

112 d) Wie lauten die Namen der beiden Flüsse, die mit einem Konsonanten beginnen?

Bearbeitungszeit: 1 Minute

113.

PolitikerIn	Bundesland	Planet	Organ	Maßeinheit
Wagenknecht	Hessen	Merkur	Herz	Meter
Bosbach	Bayern	Venus	Leber	Kilogramm
Schwesig	NRW	Erde	Niere	Liter
Gysi	Thüringen	Mars	Lunge	Hektar
Dreyer	Sachsen	Jupiter	Magen	Km/h
Kubicki	Saarland	Saturn	Milz	Kubikmeter
Petry	Rheinland-Pfalz	Neptun	Auge	Zentimeter

Einprägezeit: 1 Minute. Bitte erst umblättern, nachdem die Einprägezeit vorbei ist.

113 a) Wie lautet der Name des Planeten, der (ohne Überschriftszeile) in fünften Zeile genannt wird?

113 b) Wie lauten die Namen der vier genannten Politikerinnen?

113 c) Welche Maßeinheit wird in der sechsten Zeile (ohne Überschriftszeile) der Spalte „Maßeinheit" genannt?

113 d) Wie lauten die Namen der zwei Organe, die mit dem Buchstaben „L" beginnen?

113 e) Welches Bundesland wird in der fünfte Zeile (ohne Überschriftszeile) genannt?

113 f) In welcher Zeile (ohne Überschriftszeile) beginnen genau zwei Begriffe mit dem Buchstaben „N"?

114.

Natürliche Zahlen	Primzahlen	Quadratzahlen
376	41	361
456	61	576
999	37	729
234	59	400
987	31	625
555	67	441
246	53	784
729	71	484
345	43	841
771	47	676

Einprägezeit: 2 Minuten. Bitte erst umblättern, nachdem die Einprägezeit vorbei ist.

114 a) Welche Quadratzahl ist als einzige identisch mit einer der genannten Natürlichen Zahlen?

114 b) Welche der genannten Primzahlen taucht nicht in der Tabelle auf?
31 – 61 – 91

114 c) Wie lauten die beiden „Schnapszahlen" in der Rubrik der Natürlichen Zahlen?

114 d) Wie lautet die Quadratzahl, die mit der Ziffer 8 beginnt?

114 e) Welche Primzahl steht in der letzten Zeile?

114 f) Wie lauten die beiden Natürlichen Zahlen, die jeweils mit der Ziffer 3 beginnen?

114 g) Welche Quadratzahl steht in der ersten Zeile (ohne Überschriftszeile)?

114 h) Welche der genannten Primzahlen hat die Quersumme 14?

Q)   Merkfähigkeit: Begriffe merken

Auch in der folgenden Rubrik geht es darum, dass Sie sich möglichst viele Begriffe in möglichst kurzer Zeit einprägen. Anschließend werden dann Fragen zu den zuvor eingeprägten Begriffen bzw. zu deren Positionen innerhalb der jeweiligen Tabelle gestellt.

Beispiel:

Buche	Beethoven	Käse	Fichte
Sport	Physik	Eiche	Mathematik
Schubert	Honig	Erdkunde	Mozart
Englisch	Pappel	Brot	Erle
Butter	Telemann	Bach	Salat

Einprägezeit: 2 Minuten

Nachdem Sie dann die obige Tabelle abgedeckt haben, sollten folgende Fragen beantwortet werden:

- In welcher Spalte befindet sich das Schulfach mit dem Anfangsbuchstaben „M"?
- In welcher Spalte befinden sich zwei Namen von berühmten Komponisten?
- Welches Lebensmittel wird in der vierten Spalte genannt?
- In der wievielten Zeile befindet sich das Schulfach mit dem Anfangsbuchstaben „P"?

Lösungen:

- Das Schulfach Mathematik befindet sich in der vierten Spalte.
- Die Komponisten Beethoven und Telemann befinden sich in der

zweiten Spalte.

- Das Lebensmittel in der vierten Spalte ist Salat.
- Das Schulfach mit dem Anfangsbuchstaben „P" (Physik) befindet sich in der zweiten Zeile.

115.

blau	Schlüssel	Schweden	Bibliothek	dunkel
Psychologie	Venedig	Weihnachten	Sachbuch	Karfreitag
Handball	Nürnberg	Memory	Reis	Jurist
Augenarzt	Bild	Eierlikör	Foto	Hirnchirurg
Bäcker	Nudeln	Erdnüsse	Pfingsten	Pädagogik
Astronomie	Ostern	Schach	Düsseldorf	Fußball
Silvester	Roman	Philosophie	Paris	Medizin
hell	Computer	Südafrika	Anhänger	grün

Einprägezeit: 3 Minuten

Bitte erst umblättern, nachdem die Einprägezeit abgelaufen ist.

115 a) In der wievielten Zeile befindet sich der Begriff „Hirnchirurg"?

115 b) Welche beiden Lebensmittel werden in der vierten Spalte genannt?

115 c) In welcher Zeile wird der Begriff „Schach" genannt?

115 d) Welcher Ort wird in der ersten Zeile der vierten Spalte genannt?

115 e) Wie heißt das Land in der achten Zeile?

115 f) Welches Wort in der ersten Spalte beginnt mit „P"?

115 g) Welche Stadt wird in der siebten Zeile genannt?

115 h) Welche beiden Wörter der zweiten Spalte beginnen mit „N"?

115 i) Welche beiden Farbe werden in der Tabelle genannt?

115 j) Welches christliche Fest wird in der sechsten Zeile genannt?

R)   Merkfähigkeit: Adressen merken

In dieser Rubrik geht es darum, dass Sie sich zunächst folgende Adressen (komplett) einprägen. Anschließend werden verschiedene Fragen zu bestimmten Details gestellt, die Sie dann aus Ihrem Gedächtnis beantworten sollen.

Bitte beachten Sie, dass Sie erst auf die nächste Seite umblättern, nachdem die Einprägezeit von insgesamt 3 Minuten vollständig abgelaufen ist.

116.

Iris Krämer, 32 Jahre **Verkäuferin** **Schneidergasse 7** **20800 Hamburg**	**Rudolf Müller, 74 Jahre** **Rentner** **Hollerstraße 5** **80340 München**
Dr. Erich Mantel, 57 Jahre **Orthopäde** **Martensstraße 77** **10540 Berlin**	**Henriette Schuh, 62 Jahre** **Augenoptikerin** **Wallstraße 37** **40230 Düsseldorf**
Sonja Marx, 22 Jahre **Studentin** **Schillerstraße 40** **50280 Köln**	**Wolfgang Schuster, 42 Jahre** **IT-Fachmann** **Krollstraße 21** **60450 Frankfurt**
Emil Gans, 77 Jahre **Privatier** **Bernerstraße 81** **70200 Stuttgart**	**Tülay Önöz, 52 Jahre** **Flugbegleiterin** **Tannenstraße 30** **30560 Hannover**
Bianca Bense, 36 Jahre **Modeschöpferin** **Taunusstraße 45** **51080 Köln**	**Hermann Goll, 56 Jahre** **Malermeister** **Ludwigstraße 78** **10520 Berlin**

116 a) Welche Person wohnt in der Tannenstraße 30?

116 b) Wie alt ist Sonja Marx?

116 c) Welchen Beruf hat Hermann Goll?

116 d) In welcher Straße wohnt Rudolf Müller?

116 e) Wer wohnt in 51080 Köln?

116 f) In welcher Stadt (inkl. PLZ) wohnt der IT-Fachmann?

116 g) Welche Person ist 77 Jahre alt?

116 h) Wie lautet der Name des Orthopäden?

116 i) Wer wohnt in der Wallstraße 37?

116 j) Welchen Beruf hat Iris Krämer?

S) Merkfähigkeit: Texte einprägen, anschließend Fragen beantworten

In der folgenden Rubrik geht es darum, dass Sie sich zunächst jeweils einen vorgegebenen Text innerhalb einer vorgegebenen Zeit (2 Minuten) einprägen. Anschließend blättern Sie bitte um zu den Fragen, die Sie dann detailliert beantworten sollten.

117.

Verkehrsrowdy verursacht schweren Unfall auf der A3

Am Montag, 24.07.2017, kam es um 16:20 Uhr auf der A3 – Anschlussstelle Köln-Dellbrück – zu einem schweren Verkehrsunfall, der mutmaßlich durch einen skrupellosen Verkehrsrowdy verursacht worden war. Bei diesem schweren Verkehrsunfall, in den insgesamt drei PKW verwickelt waren, gab es drei Schwerverletzte sowie zwei Leichtverletzte. Wie die Polizeidienststelle der Autobahnpolizei mitteilte, war es zu dem Unfall gekommen, als ein 24-jähriger Autofahrer mit seinem silberfarbenen Audi A8 mit stark überhöhter Geschwindigkeit (182 km/h bei erlaubten 100 km/h) zunächst einen vorausfahrenden Opel ASTRA massiv nötigte. Der Fahrer des blauen Opel ASTRA, ein 72-jähriger Mann, verlor bei einem Ausweichmanöver auf die mittlere Fahrspur die Kontrolle über seinen PKW, und kollidierte mit einem nachfolgenden BMW 320, an dessen Steuer eine 38-jährige Frau saß. Sowohl der ASTRA, als auch der BMW wurden bei dem seitlichen Zusammenprall schwer beschädigt. Der Fahrer des Audi A8 verlor ebenfalls die Kontrolle über seinen PKW, und schlug etwa 100 Meter später in die Mittelleitplanke ein. Sowohl der Fahrer des ASTRA, als auch die Fahrerin des BMW wurden schwer verletzt. Zudem wurde ein auf der Rückbank des BMW ordnungsgemäß in einem Kindersitz transportiertes Kleinkind, 4 Jahre alt, schwer verletzt. Der Unfallverursacher im Audi A8 sowie dessen 22-jährige Beifahrerin wurden nur leicht verletzt. Die Aufräumarbeiten an der Unfallstelle dauerten insgesamt drei Stunden. Es bildete sich ein 12 Kilometer langer Rückstau.

117 a) Auf welcher Autobahn geschah der Unfall?

117 b) An welcher Anschlussstelle ereignete sich der Unfall?

117 c) Wie alt ist der Fahrer des Unfallverursachers?

117 d) Mit welcher Geschwindigkeit war der Unfallverursacher unterwegs?

117 e) Welche Farbe hat der ASTRA?

117 f) Wie alt ist der Fahrer des ASTRA?

117 g) Welche genaue Modellbezeichnung hat der dritte PKW?

117 h) Wie alt ist die Fahrerin des PKW, in dem auch ein Kleinkind sitzt?

117 i) Welche Personen wurden nur leicht verletzt?

117 j) Wie alt ist das schwerverletzte Kleinkind?

117 k) Welche Höchstgeschwindigkeit war an der Unfallstelle erlaubt?

117 l) Wie lang war der Rückstau, der sich bildete?

T)   Interpretation von Statistiken

In dieser Rubrik geht es darum zu zeigen, ob bzw. inwieweit Sie dazu in der Lage sind, Statistiken korrekt zu interpretieren, um somit relevante Informationen daraus ableiten zu können.

118.

	1	*2*	*3*	*4*	*5*	*6*
A	34	47	33	62	80	22
B	22	43	98	11	56	34
C	76	64	90	82	54	48
D	55	87	44	39	74	96

a)   Welcher Sportler (A, B, C, D) hat durchschnittlich die meisten Punkte in den Wettbewerben (1, 2, 3, 4, 5, 6) erzielt?

b)   Welche beiden Sportler haben im fünften Wettbewerb die wenigsten Punkte erzielt?

c)   Welcher Sportler hat die größte Streuungsbreite über alle sechs Wettbewerbe?

d)   Welcher Wettbewerb hat insgesamt die niedrigste Punktzahl?

Bearbeitungszeit: 2 Minuten

119.

In der folgenden Tabelle sind die Durchschnittstemperaturen für acht Städte in vier aufeinanderfolgenden Jahren aufgelistet.

	2014	2015	2016	2017
A	9	10	8	11
B	7	7	12	9
C	4	2	6	3
D	12	14	11	14
E	10	9	15	13
F	8	8	6	9
G	15	17	14	15
H	6	6	7	8

a)   In welchem Jahr herrschten insgesamt die höchsten Durchschnittstemperaturen?
b)   Welche Stadt war durchschnittlich die kälteste?
c)   Welche beiden Städte hatten im Jahr 2016 die niedrigsten Durchschnittstemperaturen?
d)   Welche Stadt hatte insgesamt die höchste Durchschnittstemperatur?

Bearbeitungszeit: 5 Minuten

Liebe Videofreunde,

In den Weiten und Tiefen der damaligen Videotheken Regale befanden sich etliche Filme die teilweise bis heute gänzlich unentdeckt und unbekannt sind.

Wir haben uns zur Aufgabe gemacht, einige dieser Filme in dieser Heftreihe an die Öffentlichkeit zu bringen und stellen Sie euch vor.

Einige von diesen Filmen sind bereits in Deutschland auf DVD / Blu-ray erschienen. Doch die Anzahl von deren die eine würdige Veröffentlichung verdient hätten ist immens gross.

Wir wünschen Euch viel Spass auf die Reise in die Ära der Videotheken der letzten Jahrzehnte.

Wir danken allen Lesern und Fans für ihre Treue auch in der Corona-krise.

Das FanZine zur Homepage
www.retro-film.de

VHS
NEVER FORGET

9 783751 931939

U) Oberbegriffe finden

In der folgenden Rubrik geht es darum herauszufinden, welche Begriffe in der linken Spalte jeweils passende Oberbegriffe zu den in der Spalte genannten Wörtern sind?

Beispiel:

Wassersport	Barbara
Wetterphänomen	Zugspitze
Vorname	Segeln
Fluss	Wirbelsturm
Berg	Rhein

Hier wäre die korrekte Zuordnung wie folgt:

Wassersport	===>	Segeln
Wetterphänomen	===>	Wirbelsturm
Vorname	===>	Barbara
Fluss	===>	Rhein
Berg	===>	Zugspitze

120.

Politiker	Jupiter
Hauptstadt	Nürnberger Lebkuchen
Fluss	Croissant
Moderator	Harald Lesch
Kulinarische Spezialität	Stockholm
Alkoholisches Getränk	Remis
Astrophysiker	Markus Lanz
Sängerin	Naomi Klein
Komponist	Düsseldorf
Stadt in Holland	Wolfgang Bosbach
Gebirge	Nena
Gasplanet	Riesling
Begriff aus dem Schachsport	Moldau
Autorin	Venlo
Backware	Beethoven
Landeshauptstadt	Himalaya

Bearbeitungszeit: 1 Minute

121.

Naturforscher	Peter Horton
Theologin	Waldenbuch
Fußballer	Salvador Dali
Schachweltmeister	Arial
Edelstein	Emanuel Lasker
Naturkatastrophe	Scheurebe
Rechenart	Ahorn
Lexikon	Charles Darwin
Wintersportort	Abakus
Politikerin	Margot Käßmann
Elektronisches Bauteil	Cochem
Berühmter Gitarrist	Manuel Neuer
Stadt in Süddeutschland	Katja Kipping
Baumart	Oberstdorf
Destruktives Gefühl	Diamant
Weinsorte	Division
Berühmter Maler	Who-is-Who
Tageszeitung	Erdbeben
Rechenhilfsmittel	Kondensator
Ort an der Mosel	FAZ
Schrifttyp	Zorn

Bearbeitungszeit: 1 Minute

V)   Passende Begriffe finden

In der folgenden Rubrik geht es darum, dass Sie zu einem vorgegebenen Oberbegriff aus einer Liste exakt nur solche Wörter herausfinden, die zu dem vorgegebenen Oberbegriff passen.

Beispiel:

Angenommen, der Oberbegriff lautet „EDV-Fachbegriffe". Gegeben sei folgende Liste:

USB-Stick – Diskette – Schnürsenkel – Bilderrahmen – Desktop – CPU – Wald – Gemüse – Musik – Soundkarte – Festplatte – Straßenbahn – Biologie – Pixel – Mainboard – Foto – Lottoschein – Informatik – Blume – Maus

Hier lauten die korrekten Wörter, die allesamt dem Oberbegriff „EDV" zugeordnet werden können:

USB-Stick – Diskette – Desktop – CPU – Soundkarte – Festplatte – Pixel – Mainboard – Informatik – Maus.

122. Der vorgegebene Begriff lautet „Europäische Städte":

Gegeben ist folgende Liste:

Budapest – Helsinki – Tokio – Dallas – Kairo – Madrid – Paris – Sydney – Bukarest – Wien – Oslo – Kapstadt – Nairobi – London – Peking – Stockholm – Detroit – Lissabon – Vancouver – Rom – Hamburg – Kopenhagen – Dubai – Dublin – Quebec – Athen – Johannesburg – Nizza – Vaasa – Manchester – Prag – Taipeh – Swansea – Teheran – Krefeld – San Francisco – Norderstedt – Lindau – Bern – Aachen – Hiroshima – Dresden

Bearbeitungszeit: 1 Minute.

123.

Der vorgegebene Begriff lautet „Quadratzahlen":

Gegeben ist folgende Liste:

289 – 977 – 324 – 361 – 871 – 669 – 676 – 841 – 857 – 1156 – 1291 – 1296 – 3311 – 4711 – 1521 – 5929 – 7654 – 7744 – 9001 – 3136 – 4096 – 9999

Bearbeitungszeit: 1 Minute

W)   Schnell Wörter finden

In dieser Rubrik geht es darum zu vorgegebenen Ausgangsbedingungen möglichst viele Wörter aufzuschreiben.

Beispiel: Angenommen, die Ausgangsbedingung lautet: Schreiben Sie möglichst viele Wörter auf, die mit dem Anfangsbuchstaben B beginnen.

Dann könnte Ihre Liste z. B. wie folgt aussehen:

Baum – Bus – Bär – Brot – Buche – Bild – Bochum – Boot usw.

124.   a)   Schreiben Sie binnen einer Minute möglichst viele Wörter auf, die mit dem Buchstaben „C" beginnen.

b)   Schreiben Sie binnen einer Minute möglichst viele Wörter auf, deren dritter Buchstaben ein „r" ist.

c)   Schreiben Sie binnen einer Minute möglichst viele Adjektive auf, deren Anfangsbuchstaben ein „g" ist.

X)   Sinnlose Silben

In dieser Rubrik geht es darum, dass Sie sich möglichst viele „sinnlose"
Silben einprägen, die dann anschließend – nach einer dreiminütigen
Wartezeit – überprüft werden. Sinn und Zweck dieser Aufgabe ist es, Ihre
Gedächtnisfunktion zu überprüfen.

125.   Prägen Sie sich bitte zunächst möglichst viele der nachfolgenden
        Silben ein. Für diesen Einprägevorgang stehen Ihnen insgesamt
        fünf Minuten zur Verfügung.

ghj	rtz	jjl
wrr	tzt	hjk
dfg	kjh	wsc
qsc	ppl	wwt
vvb	nmn	xxc
ukk	qqk	ztz
bvc	xyx	ttm
ftb	ppw	njj
wxc	rnz	qmq
vvx	zhg	bpb

Nachdem die fünf Minuten Einprägezeit vorbei sind, blättern Sie bitte um
auf die nächste Seite.

Markieren Sie nun in der folgenden Tabelle genau die zehn Silben, die in der vorherigen Tabelle tatsächlich vorgekommen sind.

Bearbeitungszeit: 1 Minute

mkm	wll	ypy
qll	tzt	jsj
pps	hhg	wsc
qsc	ppl	pds
vvb	jdd	xxc
iik	lpc	lkk
bvc	uun	swo
uud	qqk	ban
mqq	zzx	mgg
vvx	zhg	bpb

Y)   Merkfähigkeit

In der folgenden Rubrik wird Ihre Merkfähigkeit getestet. Zunächst sollen Sie sich möglichst viele Informationen binnen zwei Minuten einprägen.

Anschließend blättern Sie bitte auf die nächste Seite um, und beantworten dann alle gestellten Fragen.

126.   PolitikerInnen   :   Wagenknecht – Bosbach – Heil
                                            Lindner – Weidel

        Chemisches Element :   Eisen – Argon – Plutonium
                                            Wasserstoff – Krypton

        Baumart   :   Ahorn – Buche – Eiche – Pappel
                                            Fichte

        Sportler   :   Neuer – Lahm – Nowitzki
                                            Pechstein – Vettel

        Beruf   :   Lehrer – Bibliothekarin – Dozent
                                            Konditorin – Ärztin

        Religion   :   Buddhismus – Christentum – Islam
                                            Hinduismus – Judentum

        Getränk   :   Wein – Wasser – Eierlikör
                                            Bier – Schnaps

Bearbeitungszeit für alle folgenden Teilaufgaben: 3 Minuten

a)   Der Name welcher Sportler beginnt mit dem Buchstaben „N"?
b)   Welches der genannten chemischen Elemente enthält nur
       einen Vokal?
c)   Welche Getränkenamen enden mit dem Buchstaben „r"?
d)   Welche Religion enthält nicht den Buchstaben „u"?
e)   Welche Berufe enthalten den Buchstaben „i"?
f)   Welche Politikernamen enthalten drei Vokale?
g)   Welche Baumnamen beginnen mit einem Konsonanten?
h)   Welcher Sportlername enthält genau acht Buchstaben?
i)   Welches chemische Element enthält zwei je doppelt unmittelbar
       aufeinanderfolgende Konsonanten?
j)   Welche Baumarten bestehen aus jeweils sechs Buchstaben?

Z)   Sudoku

In dieser Rubrik geht es darum, dass Sie in Sudoku möglichst schnell lösen.
Zielvorgabe: Sinn und Zweck des folgenden Sudokus ist es, dass in jeder
                Zeile sowie in jeder Spalte, und zudem in jedem einzelnen
                3 x 3 Quadrat jede der Ziffern von 1 bis 9 exakt einmal
                vorkommt. In keiner Zeile, keiner Spalte und keinem
                3 x 3 Quadrat dürfen einzelne Ziffern mehrfach vorkommen;
                und es darf zudem keine Ziffer fehlen.

Bearbeitungszeit: 7 Minuten

127.

1	8				2	6	3	
5		3						
					9	8		7
3			5				9	
				6				8
	1	2						4
					4			
7				1	5			
			7			9	4	

Lösungen

A)   Sprachliche Intelligenz: Welches Wort passt nicht?

1. minimieren
2. Nürnberg
3. Victoriasee
4. Geige
5. Hand
6. Herzog
7. Delfin
8. Clueso

B)   Sprachliche Intelligenz: Gleiche Wortbedeutung?

9.   rasant
10. unfreundlich
11. öde
12. kalkulieren
13. abweisen
14. riesig
15. ichbezogen
16. nicht ernsthaft nachvollziehbar

C)   Sprachliche Intelligenz: Buchstabensalat

17.   Gabel
18.   Hammer
19.   Schnecke
20.   Käfer
21.   Bibliothek
22.   Brötchen

23.   Nürnberg
24.   Düsseldorf
25.   Zeitung
26.   Vertrauen

D)   Sprachliche Intelligenz: Buchstabengruppen

27.   DEFGH
28.   TTUKK
29.   CDEWX
30.   DFHJL

E)   Sprachliche Intelligenz: Buchstabenreihen

31.   o
32.   g
33.   u
34.   q
35.   k

F)   Logisches Denken: Analogien

36.   draußen
37.   Sängerin
38.   Brötchen
39.   Psychische Störung
40.   Pizza
41.   NRW
42.   Schüler
43.   Galaxie

G)   Logisches Denken: Schlussfolgerungen

44.   C
45.   B
46.   Barbara
47.   Alfons
48.   Fritz
49.   46
50.   4

H)   Logisches Denken: Zahlenreihen ergänzen

51.   Berechnungsschema: * 3
       Gesuchte Zahl: 729
52.   Berechnungsschema: * 2, + 4
       Gesuchte Zahl: 36
53.   Berechnungsschema: * 4, + 49
       Gesuchte Zahl: 1093
54.   Berechnungsschema: jeweils drittnächste Primzahl
       Gesuchte Zahl: 73
55.   Berechnungsschema: im Wechsel – nächste Primzahl
                                ^2, ^3
       Gesuchte Zahl: 289
56.   Berechnungsschema: * 13, - 4
       Gesuchte Zahl: 335
57.   Berechnungsschema: jeweils höchste Primzahl der jeweils
                                nächsten Zehnergruppe
58.   Berechnungsschema: * 11, -9
       Gesuchte Zahl: 134

I)   Logisches Denken: Zahlmatrizen

59.   60
60.   4096
61.   125
62.   119
63.   36

J)   Logisches Denken: Wochentage

64.   Sonntag
65.   Dienstag
66.   Freitag
67.   Dienstag
68.   Donnerstag

K)   Logisches Denken: Unmögliches erkennen

69.   d
70.   d
71.   b
72.   c
73.   b

L)   Logisches Denken: Meinung oder Tatsache?

74.   Tatsache
75.   Meinung
76.   Meinung
77.   Tatsache
78.   Tatsache

79.	Meinung
80.	Tatsache
81.	Tatsache
82.	Tatsache
83.	Meinung

M) Mathematische Fähigkeiten: Kopfrechnen

84.	180
85.	1103
86.	884
87.	20205
88.	90
89.	256
90.	736
91.	10944
92.	3628800
93.	26040

N) Mathematische Fähigkeiten: Rechenzeichen einsetzen

94.	+	-		
95.	*	+		
96.	*	*	*	
97.	*	/	/	
98.	+	*	/	+
99.	*	*	+	-
100.	*	*	*	
101.	/	/	*	
102.	-	+	-	

O)   Beobachtungsgabe: Welches Zeichen ist anders in einer Reihe?

103.   R
104.   V
105.   O
106.   M
107.   I
108.   F
109.   D
110.   M
111.   B

P)   Merkfähigkeit: Wörter einprägen, falsche Wörter identifizieren

112 a) 3. Spalte
112 b) Dozent
112 c) 2. Zeile, Bindungsphobie
112 d) Nil, Donau

113 a) Jupiter
113 b) Wagenknecht, Schwesig, Dreyer, Petry
113 c) Kubikmeter
113 d) Leber, Lunge
113 e) Sachsen
113 f) 3. Zeile

114 a) 729
114 b) 91
114 c) 555, 999
114 d) 841
114 e) 47
114 f) 376, 345
114 g) 361
114 h) 59

Q)   Merkfähigkeit: Begriffe merken

115 a) 4. Zeile
115 b) Eierlikör, Erdnüsse
115 c) 6. Zeile
115 d) Bibliothek
115 e) Südafrika
115 f) Psychologie
115 g) Paris
115 h) Nürnberg, Nudeln
115 i) blau, grün
115 j) Ostern

R)   Merkfähigkeit: Adressen merken

116 a) Tülay Önöz
116 b) 22 Jahre
116 c) Malermeister
116 d) Hollerstraße 5
116 e) Bianca Bense
116 f) 60450 Frankfurt
116 g) Emil Gans
116 h) Dr. Erich Mantel
116 i) Henriette Schuh
116 j) Verkäuferin

S)   Merkfähigkeit: Texte einprägen, anschließend Fragen beantworten

117 a) A3
117 b) Köln-Dellbrück
117 c) 24 Jahre
117 d) 182 km/h

117 e) blau
117 f) 72 Jahre
117 g) BMW 320
117 h) 38 Jahre
117 i) 2 Personen im AUDI A8
117 j) 4 Jahre
117 k) 100 km/h
117 l) 12 Kilometer

T)   Interpretation von Statistiken

118 a) C
118 b) C, B
118 c) B
118 d) A

119 a) 2017
119 b) C
119 c) C, F
119 d) G

U)   Oberbegriffe finden

120.   Politiker   :   Wolfgang Bosbach
        Hauptstadt   :   Stockholm
        Fluss   :   Moldau
        Moderator   :   Markus Lanz
        Kulinarische Spezialität   :   Nürnberger Lebkuchen
        Alkoholisches Getränk   :   Riesling
        Astrophysiker   :   Harald Lesch
        Sängerin   :   Nena
        Komponist   :   Beethoven

Stadt in Holland	:	Venlo
Gebirge	:	Himalaya
Gasplanet	:	Jupiter
Begriff aus dem Schachsport	:	Remis
Autorin	:	Naomi Klein
Backware	:	Croissant
Landeshauptstadt	:	Düsseldorf

121.	Naturforscher	:	Charles Darwin
	Theologin	:	Margot Käßmann
	Fußballer	:	Manuel Neuer
	Schachweltmeister	:	Emanuel Lasker
	Edelstein	:	Diamant
	Naturkatastrophe	:	Erdbeben
	Rechenart	:	Division
	Lexikon	:	Who-is-Who
	Wintersportort	:	Oberstdorf
	Politikerin	:	Katja Kipping
	Elektronisches Bauteil	:	Kondensator
	Berühmter Gitarrist	:	Peter Horton
	Stadt in Süddeutschland	:	Waldenbuch
	Baumart	:	Ahorn
	Destruktives Gefühl	:	Zorn
	Weinsorte	:	Riesling
	Berühmter Maler	:	Salvador Dali
	Tageszeitung	:	FAZ
	Rechenhilfsmittel	:	Abakus
	Ort an der Mosel	:	Cochem
	Schrifttyp	:	Arial

V)   Passende Begriffe finden

122.   Budapest – Helsinki – Madrid – Paris – Bukarest – Wien – Oslo – London – Stockholm – Lissabon – Rom – Hamburg – Kopenhagen – Dublin – Athen – Nizza – Vaasa – Manchester – Prag – Swansea – Krefeld – Norderstedt – Lindau – Bern – Aachen – Dresden

123.   289 – 324 – 361 – 676 – 841 – 857 – 1156 – 1296 – 1521 – 5929 – 7744 – 3136 – 4096

W)   Schnell Wörter finden

124.   Hier ist die jeweilige Lösung selbsterklärend.

X)   Sinnlose Silben

125.

	tzt	
		wsc
qsc	ppl	
vvb		xxc
bvc		
vvx	zhg	bpb

Y)   Merkfähigkeit

126.   a)   Neuer, Nowitzki
       b)   Krypton
       c)   Wasser, Eierlikör, Bier
       d)   Isalm
       e)   Bibliothekarin, Konditorin
'   f)   Wagenknecht, Weidel
       g)   Buche, Pappel, Fichte
       h)   Nowitzki
       i)   Wasserstoff
       j)   Pappel, Fichte

Z)   Sudoku

1	8	9	4	7	2	6	3	5
5	7	3	1	8	6	4	2	9
4	2	6	3	5	9	8	1	7
3	6	7	5	4	8	1	9	2
9	4	5	2	6	1	3	7	8
8	1	2	9	3	7	5	6	4
2	3	1	8	9	4	7	5	6
7	9	4	6	1	5	2	8	3
6	5	8	7	2	3	9	4	1

Punkteverteilung

1	:	1	51	:	2	86 a	:	1
2	:	1	52	:	2	86 b	:	1
3	:	1	53	:	2	86 c	:	1
4	:	1	54	:	2	86 d	:	1
5	:	1	55	:	3	86 e	:	1
6	:	1	56	:	3	86 f	:	1
7	:	1	57	:	3	86 g	:	1
8	:	1	58	:	3	86 h	:	1
9	:	1	59	:	2	86 i	:	1
10	:	1	60	:	2	86 j	:	1
11	:	1	61	:	2	87 a	:	1
12	:	1	62	:	2	87 b	:	1
13	:	1	63	:	2	87 c	:	1
14	:	1	64	:	2	87 d	:	1
15	:	1	65	:	2	87 e	:	1
16	:	1	66	:	2	87 f	:	1
17	:	1	67	:	2	87 g	:	1
18	:	1	68	:	2	87 h	:	1
19	:	1	69	:	2	87 i	:	1
20	:	1	70	:	2	87 j	:	1
21	:	1	71	:	2	88 a	:	1
22	:	1	72	:	2	88 b	:	1
23	:	1	73	:	2	87 c	:	1
24	:	1	74	:	1	87 d	:	1
25	:	1	75	:	1	87 e	:	1
26	:	1	76	:	1	87 f	:	1
27	:	2	77	:	1	87 g	:	1
28	:	2	78	:	1	87 h	:	1
29	:	2	79	:	1	87 i	:	1
30	:	2	80	:	1	87 j	:	1
31	:	2	81	:	1	87 k	:	1
32	:	2	82	:	1	87 l	:	1

33	:	2	83	:	1	101	:	3
34	:	2	84	:	1	102	:	3
35	:	2	85	:	1	103	:	1
36	:	2	86	:	1	104	:	1
37	:	2	87	:	2	105	:	1
38	:	2	88	:	2	106	:	1
39	:	2	89	:	2	107	:	1
40	:	2	90	:	3	108	:	1
41	:	2	91	:	3	109	:	1
42	:	2	92	:	3	110	:	1
43	:	2	93	:	3	111	:	1
44	:	3	94	:	3	112 a	:	2
45	:	3	95	:	3	112 b	:	2
46	:	3	96	:	3	112 c	:	2
47	:	3	97	:	3	112 d	:	2
48	:	3	98	:	3	113 a	:	2
49	:	3	99	:	3	113 b	:	2
50	:	3	100	:	3	113 c	:	2

113 d	:	2	115 e	:	2	116 j	:	2
113 e	:	2	115 f	:	2	117 a	:	2
113 f	:	2	115 g	:	2	117 b	:	2
114 a	:	2	115 h	:	2	117 c	:	2
114 b	:	2	115 i	:	2	117 d	:	2
114 c	:	2	115 j	:	2	117 e	:	2
114 d	:	2	116 a	:	2	117 f	:	2
114 e	:	2	116 b	:	2	117 g	:	2
114 f	:	2	116 c	:	2	117 h	:	2
114 g	:	2	116 d	:	2	117 i	:	2
114 h	:	2	116 e	:	2	117 j	:	2
115 a	:	2	116 f	:	2	117 k	:	2
115 b	:	2	116 g	:	2	117 l	:	2
115 c	:	2	116 h	:	2	118 a	:	2
115 d	:	2	116 i	:	2	118 b	:	2

118 c	:	2
118 d	:	2
119 a	:	2
119 b	:	2
119 c	:	2
119 d	:	2
119 e	:	2

120 : Je richtige Zuordnung 1 Punkt (insgesamt 16 Punkte)

121 : Je richtige Zuordnung 1 Punkt (insgesamt 21 Punkte)

122 : Für jede richtig erkannte europäische Stadt gibt es 1 Punkt. Insgesamt also 26 Punkte. Für jede falsch genannte Stadt wird 1 Punkt abgezogen.

123 : Für jede korrekte Quadratzahl gibt es 1 Punkt. Insgesamt demnach 13 Punkte. Für jede falsch Quadratzahl wird 1 Punkt abgezogen.

124 a :

0 – 3 Wörter	:	1 Punkt
4 – 6 Wörter	:	2 Punkte
7 – 9 Wörter	:	3 Punkte
>= 10 Wörter	:	4 Punkte

124 b :

0 – 3 Wörter	:	1 Punkt
4 – 6 Wörter	:	2 Punkte
7 – 9 Wörter	:	3 Punkte
>= 10 Wörter	:	4 Punkte

124 c :

0 – 3 Wörter	:	1 Punkt
4 – 6 Wörter	:	2 Punkte
7 – 9 Wörter	:	3 Punkte
>= 10 Wörter	:	4 Punkte

125 : Je richtig markierte Silbe 2 Punkte (Insgesamt 20 Punkte). Für jede falsch markierte Silbe werden 2 Punkte abgezogen.

126 a-j : Je 2 Punkte. (Insgesamt 20 Punkte)

127 : Für das Sudoku gibt es – allerdings nur bei vollständig korrekter Lösung 40 Punkte.

Auswertung

Wie schon zuvor erwähnt, handelt es sich bei dem hier vorliegenden IQ-Test nicht um einen solchen, der unter wissenschaftlichen Aspekten erstellt wurde, sondern vielmehr um einen solchen, der Ihnen die Gelegenheit geben sollte, möglichst typische Testaufgaben aus klassischen Bereichen (Logik, Sprache, Gedächtnis usw.) trainieren zu können.

Aus diesem Grund wird hier auch bewusst darauf verzichtet, konkrete IQ-Werte zu nennen. Voraussetzung dafür wäre eine wissenschaftlich validierte sowie statistisch-signifikante Kontrollgruppe, die hier jedoch nicht Gegenstand dieses IQ-Tests gewesen ist.

Von daher wurden hier absichtlich nur grobe Orientierungsmarken genannt, so dass Sie sich mit anderen Testpersonen, die diesen IQ-Test unter vergleichbaren Bedingungen durchführen, vergleichen können.

Unabhängig davon, wie Ihr konkretes Testergebnis hier ausgefallen ist, sollten Sie bitte niemals vergessen, dass der hier ermittelte Testwert nichts über Ihre Qualitäten als Mensch aussagt. Neben diversen intellektuellen Fähigkeiten, die sich mit klassischen Tests messen lassen, gibt es viele höchst wichtige und wertvolle Werte, die einen Menschen auszeichnen. Bitte vergessen Sie das nicht, falls Ihr Testergebnis hier nicht so gut ausgefallen sein sollte, wie Sie es sich vielleicht erhofft haben.

510 – 516	:	Herausragendes Ergebnis
490 – 509	:	Sehr gutes Ergebnis
440 – 489	:	Ergebnis im oberen Mittelfeld
350 – 439	:	Durchschnittliches Ergebnis
300 – 349	:	Leicht unterdurchschnittliches Ergebnis
220 – 299	:	Ausbaufähiges Ergebnis
170 – 219	:	Relativ schwaches Ergebnis
100 – 169	:	Sehr schwaches Ergebnis
0 – 99	:	Extrem schwaches Ergebnis

Abschließende Empfehlung:

Bitte bedenken Sie, dass sich der derartige IQ-Testaufgaben innerhalb eines gewissen Leistungsrahmens trainieren lassen. Je häufiger Sie Testaufgaben solcher Art üben, desto besser werden perspektivisch Ihre Testergebnisse ausfallen.

Von daher sollten Sie Ihr hier ermitteltes Testergebnis bitte nur als eine Momentaufnahme betrachten, die nicht für alle Zeiten „in Stein gemeißelt ist".

Ich wünsche Ihnen viel Freude sowie viel Erfolg bei Ihrem persönlichen IQ-Test!

Düsseldorf, im Herbst 2017

Kontakt zum Autor:

Psychologische Beratung & Lerncoaching, Aribert Böhme
Psychologischer Berater (SGD-Dipl.) & Lerncoaching
DV-Kfm. & EDV-Dozent & Autor
Mitglied im Who-is-Who Deutschland & Europa
E-Mail: Psychologische_Beratung_Boehme@gmx.de
Internet: www.aribertboehme.de

Notizen

Notizen

Buchempfehlungen:

Denkanstöße 2017
52 Denkimpulse für 52 Wochen Deines Lebens
Aribert Böhme
ISBN-13: 978-3848215546
Erhältlich als Buch und als eBook.

Kontakt zum Autor:

Psychologische Beratung, Aribert Böhme

Psychologischer Berater (SGD-Dipl.) & Lerncoach

DV-Kfm. & EDV-Dozent & Autor

Mitglied im Who-is-Who Deutschland & Europa

E-Mail: Psychologische_Beratung_Boehme@gmx.de

Internet: www.aribertboehme.de